AF558829

Das israelische Kochbuch

Die leckersten Rezepte aus Israel

Kulinarisch, vegetarisch und vegan

Mit Nachspeisen aus Tel Aviv

1. Auflage

WirmachenDruck.de
Sie sparen, wir drucken!

Vorwort - Eine kulinarische Reise nach Israel

Israel ist nicht nur die einzige Demokratie im nahen Osten, sondern besitzt gleichzeitig auch eine kulinarische Küche die sowohl von Teilen Europas, Afrikas und auch arabischen Ländern beeinflusst wurde. Wer schon mal in Israel war wird festgestellt haben, dass viele israelische Gerichte vegan oder vegetarisch sind. Nicht umsonst ist Tel Aviv mit über 200 veganen Restaurants der Hotspot für jeden Veganer. Die Lebensmittel wie auch Kochmethoden lassen sich auf bis zu 3000 Jahre zurückführen.

Auch wenn man es erst mal nicht vermuten würde, gehört die israelische Küche zu einer der ältesten Küchen auf der ganzen Welt. Dies bezeugen auch Aufzeichnungen der alten Könige Israels. So weiß man heutzutage zum Beispiel, dass König Salomon, der Israel über 40 Jahre regierte, israelische Gerichte und israelischen Wein täglich genossen hat.

Zudem ist die israelische Küche sehr stark von arabischen Einflüssen geprägt. Das liegt daran, dass Juden und Araber schon mehrere Jahrhunderte vor der Staatsgründung von Israel im gleichen Gebiet gelebt haben. Die Vertreibung der 850.000 arabischen Juden aus arabischen Ländern wie Irak, Ägypten, Marokko und Co hat zudem dazu geführt, dass dieser Einfluss auch noch heute stark vorhanden ist. Nicht umsonst gehören Falafel und Hummus zu Spezialitäten in Tel Aviv, aber auch in Beirut, der Hauptstadt des Libanons.

Kochen hat in Israel nicht nur eine lange Tradition. Das gemeinsame Essen verbindet Menschen in Jerusalem, Tel Aviv und Eilat miteinander und ist gleichzeitig auch ein soziales Ereignis. Dies ist auch besonders gut am Shabbat zu beobachten, wo man die Arbeit liegen lässt und stattdessen mit seiner Familie und seinen besten Freunden zusammenkommt um den Abend zu genießen.

Geprägt ist die israelische Küche vor allem von der jüdischen Einwanderung im späten 19. Jahrhundert. Nach dem Holocaust und der Verfolgung im Nationalsozialismus konnten Juden wieder in ihre Heimat zurückkehren und ihren Sitten und eigenen Traditionen folgen. So ist es zum Beispiel üblich, dass man den Tag in Tel Aviv ein bisschen später angehen lässt und dafür am Abend länger mit Freunden und Familien aufbleibt. Das gemeinsame Abendessen spielt in so gut wie allen israelischen Städten eine wichtige Rolle.

Für den leckeren Geschmack sind nicht nur die Lebensmittel, sondern auch die Kräuter und Gewürze zuständig, die man in verschiedenen Variationen in israelischen Speisen wiederfinden kann. Ein besonders beliebtes Rezept ist zum Beispiel Shakshuka, welches man in Israel sehr gerne zum Frühstück isst und das reich an verschiedenen Kräutern ist.

Dieses Buch wird Ihnen nicht nur auf theoretischer Ebene die israelische Küche näher bringen. Die erlernten Dinge können Sie auch direkt in die Praxis umsetzen. Wir haben hierfür dieses Buch in verschiedene Kategorien eingeteilt. Hierbei beginnen wir mit leckeren Starters, die man sowohl vor einer Hauptspeise zu sich nehmen kann, als auch für den kleinen Hunger zwischendurch.

Im Kapitel „Israelische Hauptspeisen" werden Sie sowohl fleischhaltige wie auch fleischlose Gerichte wiederfinden. Die meisten Zutaten für die Gerichte sind im Supermarkt erhältlich. Es gibt nur wenige Ausnahmen wie zum Beispiel bei der Tahini-Paste, wo Sie spezielle Lebensmittel aufsuchen müssen.

Für alle Veganer und Vegetarier haben wir am Ende ein ganz spezielles Kapitel verfasst. Am Ende dieses Buches erwartet Sie noch eine Reihe von süßen Speisen aus Tel Aviv. Neben leckerem Gebäck hat Israel auch viele Nachspeisen und Desserts zu bieten, die man alleine oder gemeinsam mit Freunden genießen kann.

Alle Rezepte in diesem Buch sind anfängerfreundlich gestaltet. Vorerfahrung mit der israelischen Küche ist nicht zwingend notwendig. Das Einzige was notwendig ist, ist dass Sie bereit sind sich zu öffnen und auch neue Rezepte ausprobieren, die Ihnen zuvor komplett unbekannt waren. Es ist nämlich nicht ungewöhnlich, dass es genau diese Rezepte sind, die später zu unseren Lieblingsspeisen werden. Beim Zubereiten der Gerichte wünschen wir Ihnen viel Spaß und natürlich auch einen guten Appetit!

Das israelische Kochbuch - Rezeptübersicht

Israelische Starters

Klassischer Hummus

Zubereitungszeit: 5-10 Minuten

Schwierigkeitsgrad: Einfach

Zutatenliste für 2 Portionen:

Eine Prise Salz, etwas Pfeffer, 1 EL Knoblauchpulver, 2-3 EL Olivenöl, etwas Wasser, 400g Kichererbsen, 2 EL Tahini-Paste (ist im arabischen Supermarkt erhältlich)

Zubereitung:
1. Geben Sie die Kichererbsen abgetropft in eine Küchenmaschine. Fügen Sie die restlichen Zutaten, bis auf das Wasser, hinzu und vermengen alles miteinander einander.

2. Wenn Sie Hummus-Paste noch zu fest ist, je nach Bedarf ein wenig Wasser hinzugeben.

3. Mit Salz und Pfeffer abschmecken.

Würziger Karottensalat

Zubereitungszeit: 5-10 Minuten

Schwierigkeitsgrad: Einfach

Zutatenliste für 2 Portionen:
Etwas Salz, eine Prise Pfeffer, 10 Karotten, 1 EL Sonnenblumenöl, 3 EL Olivenöl, eine kleine Prise Knoblauchpulver, 1 TL Kreuzkümmel, 1 TL Kurkuma, 1-2 Knoblauchzehen, 70g frischer Koriander, ½ EL frischer Zitronensaft, 70g Zwiebel, eine halbe rote Peperoni

Zubereitung:
1. Hacken Sie die Knoblauchzehen klein und stellen Sie sie erst mal bei Seite.

2. Die Karotten schälen und mit ausreichend Wasser in einen Topf geben und zum Kochen bringen. Nach wenigen Minuten die Hitze reduzieren und die Karotten für weitere 10 Minuten köcheln lassen. Die Karotten in ein Sieb geben und weitere 5 Minuten abkühlen lassen.

3. Das Olivenöl mit den Gewürzen zusammen in die Pfanne geben. Die Mischung bei mittlerer Temperatur erhitzen und in der Zwischenzeit die Zwiebel fein hacken. Nach 4 Minuten die Zwiebelstücke dazugeben und miträsten.

4. Karottenstifte in eine Schüssel geben und die Würzmischung hinzufügen und miteinander vermengen.

Oliven mit Soße

Zubereitungszeit: 5-10 Minuten

Schwierigkeitsgrad: Einfach

Zutatenliste für 2 Portionen:
Eine Prise Salz, eine Prise Pfeffer, 150 g grüne kernlose Oliven, 2 EL Öl, ½ TL Kurkuma, ½ TL Paprikapulver, ein bisschen Kreuzkümmel, 200g grob geriebene Tomaten, eine halbe Tasse Wasser, ½ EL Petersilie

Zubereitung:
1. Wer die Oliven nicht bitter werden lassen will, sollte sie zusammen mit dem Kurkuma und dem Wasser in einen Topf geben und für 2 Minuten kochen lassen. Danach die Oliven abkühlen lassen. Dieser Schritt ist jedoch kein Muss.

2. Einen Topf mit Öl erhitzen. Die Gewürze hinzugeben. Die Gewürze für 2 Minuten bei mittlerer Temperatur erhitzen. Zwischendurch mit einem Holzlöffel umrühren. Nach 2 Minuten die Tomaten in den Topf geben und für circa 3 bis 4 Minuten mitbraten.

3. Nun die Oliven mit der halben Tasse Wasser hinzugeben. Das Wasser zum Kochen bringen und im Anschluss die Temperatur reduzieren. Die Zutaten für circa 8 Minuten köcheln lassen. Etwas Petersilie, Pfeffer und Salz hinzufügen.

Würziger Süßkartoffelhummus

Zubereitungszeit: 10 Minuten

Schwierigkeitsgrad: Einfach

Zutatenliste für 2 Portionen:
Eine Prise Salz, eine Prise Pfeffer, 400 g Kichererbsen, 2 EL Tahini, 1 EL Zitronensaft, 3 EL Olivenöl, 150 g Süßkartoffeln, eine halbe rote Peperoni, etwas Wasser

Zubereitung:
1. Die Süßkartoffel waschen und schälen. Süßkartoffel in kleine Würfel schneiden und auf einem Backblech mit Backpapier verteilen. Die Süßkartoffelwürfel für circa 20 Minuten im Backofen bei 180 Grad Ober- und Unterhitze backen. Im Anschluss die Würfel herausholen und abkühlen lassen.

2. Die Kichererbsen abtropfen lassen und in einen großen Mixer geben. Tahini und den Zitronensaft dazu geben. Ein bisschen Olivenöl hinzufügen.

3. Sobald die Süßkartoffel abgekühlt sind, ebenfalls zu den Zutaten im Mixer geben. Ein wenig Wasser hinzufügen und die Zutaten miteinander vermengen. Den Hummus auf einem Teller verteilen. Die Peperoni putzen und in kleine Ringe schneiden.

4. Zum Schluss den Hummus mit dem restlichen Olivenöl beträufeln und den Peperoniringen bestreuen.

Würzige Auberginen- und Käsestangen

Zubereitungszeit: 30 Minuten

Schwierigkeitsgrad: Einfach

Zutatenliste für 2 Portionen:
Etwas Salz, etwas Pfeffer, 1 große Aubergine, Öl zum Braten, 50 g Ziegenkäse, 50g Feta-Käse, 40g Basilikum

Zubereitung:
1. Das Öl in eine große Pfanne geben und für wenige Minuten warm werden lassen. Die Aubergine putzen und in feine Scheiben schneiden. Die Auberginenscheiben in die Pfanne geben. Die Temperatur erhöhen und die Auberginenscheiben zum Brutzeln bringen. Mit Salz und Pfeffer würzen.

2. Sobald beide Seiten goldbraun gebraten sind, die Auberginenscheiben aus der Pfanne nehmen und auf ein Küchenpapier legen, um das überschüssige Fett aufzusaugen.

3. Den Fetakäse mit Hilfe einer Gabel zerbröseln. Den Frischkäse, Pfeffer und Salz hinzufügen und ebenfalls zerkleinern. Auf das Ende jeder der Auberginenscheiben ein Basilikumblatt legen.

4. Auf jedes Basilikumblatt jeweils eine Portion der Käsemischung geben. Die Auberginenscheiben zusammenrollen und mit einem Zahnstocher feststecken.

Baba Ghanoush

Zubereitungszeit: 15 Minuten

Schwierigkeitsgrad: Einfach

Zutatenliste für 2 Portionen:
Eine Prise Salz, ein Prise Pfeffer, 1 mittelgroße Aubergine, 3 EL Sesampaste, 2 Knoblauchzehen, eine Prise gemahlener Kümmel, Olivenöl, Koriandergrün

Zubereitung:
1. Die Aubergine putzen und in gleich große Scheiben schneiden. Die Auberginenscheiben in einer Pfanne mit dem Öl anschmorren lassen. Danach aus der Pfanne nehmen und abkühlen lassen.

2. Die schwarze Haut der Aubergine lässt sich jetzt leicht abziehen. Den Saft auffangen und das Fruchtfleisch pürieren. Tahini und Knoblauch hinzufügen.

3. Mit Salz und Pfeffer abschmecken. Besonders gut zu diesem Rezept schmeckt ein Pita-Brot.

Israelischer Salat

Zubereitungszeit: 5-10 Minuten

Schwierigkeitsgrad: Einfach

Zutatenliste für 2 Portionen:
Etwas Salz, etwas Pfeffer, eine halbe Salatgurke, 3 große Tomaten, ein halbes Bund Petersilie, eine halbe Zitrone, etwas Sonnenblumenöl, eine halbe rote Zwiebel

Zubereitung:
1. Die Gurke putzen und in kleine Viertel schneiden. Tomaten ebenfalls waschen und fein würfeln. Petersilienblätter fein hacken.

2. Gurke und Tomate in eine Schüssel geben und mit den restlichen Zutaten vermengen.

Auberginenscheiben mit Joghurt

Zubereitungszeit: 15-20 Minuten

Schwierigkeitsgrad: Einfach

Zutatenliste für 2 Portionen:
Eine Prise Salz, etwas Pfeffer, 2 kleine Auberginen, etwas Knoblauchpulver, 1 Zwiebel, 1 Knoblauchzehe, ¾ Becher Joghurt, Minze und Petersilie, etwas Öl

Zubereitung:
1. Die Auberginen gründlich putzen und in Scheiben schneiden. Die Auberginen mit Pfeffer und Salz bestreuen und für eine Weile einziehen lassen. Danach die Auberginenscheiben abspülen und mit einem Küchenpapier trocken tupfen.

2. Auberginenscheiben mit Öl bepinseln und im Backofen backen. In der Zwischenzeit den Knoblauch schälen und fein hacken. Zwiebel ebenfalls zerkleinern. Minze und Petersilie in kleine Stücke schneiden. Zutaten mit dem Joghurt vermischen und Pfeffer und Salz unterrühren.

3. Die Auberginenscheiben aus dem Ofen herausholen und mit der Joghurtsoße bepinseln.

Avocadosalat mit Tahini

Zubereitungszeit: 5-10 Minuten

Schwierigkeitsgrad: Einfach

Zutatenliste für 2 Portionen:
Etwas Pfeffer, etwas Salz, 1 reife Avocado, 1 EL Zitronensaft, ein halber Granatapfel, 2 Knoblauchzehen, 50 g Sesampaste, 1 Stiel Minze, 50 g Mandeln, 30 ml Zitronensaft, 1 TL Kreuzkümmel, eine Prise Koriander, 120 ml Joghurt

Zubereitung:
1. Die Sesampaste zusammen mit einem bisschen Zitronensaft, Pfeffer und Salz in eine Schüssel geben und miteinander vermengen. Knoblauchzehen pressen und ebenfalls mit den Zutaten vermengen. Den Joghurt zu der Sesampaste geben und schaumig schlagen. Die restlichen Gewürze unterrühren und alles miteinander vermengen.

2. Die Avocado schälen, das Fruchtfleisch entnehmen und in dünne Streifen schneiden. Mit dem restlichen Zitronensaft beträufeln.

3. Aus dem halben Granatapfel die Kerne mit Hilfe einer Gabel entfernen. Die Mandeln in einer Pfanne ohne Öl anrösten. Zutaten zusammen mit der Sesampaste auf Tellern anrichten.

Gerösteter Gemüsesalat

Zubereitungszeit: 5-10 Minuten

Schwierigkeitsgrad: Einfach

Zutatenliste für 2 Portionen:
Etwas Salz, ein bisschen Pfeffer, 400g Tomaten, 120g Auberginen, 1 Peperoni, 450g Paprikaschoten, ein bisschen Kreuzkümmel, 1 EL Olivenöl, 1 EL Paprikapulver, 1 EL Zitronensaft, 1 Knoblauchzehe

Zubereitung:
1. Die Tomaten waschen und in einer Pfanne anrösten. Alternativ können Sie die Tomaten auch im Backofen schmoren lassen. Die Peperoni und die Paprika waschen und in Scheiben schneiden.

2. Die Haut der Tomaten abziehen. Die geschälten Tomaten in Würfel schneiden und in einer Schüssel mit dem Olivenöl, Zitronensaft und den Gewürzen vermengen. Knoblauch hineinpressen und ebenfalls unterrühren.

3. Das restliche Gemüse hinzugeben und mit Pfeffer und Salz abschmecken.

Israelische Hauptspeisen

Klassische Shakshuka

Zubereitungszeit: 25 Minuten

Schwierigkeitsgrad: Einfach

Zutatenliste für 2 Portionen:
Etwas Salz, ein bisschen Pfeffer, ein wenig Knoblauchpulver, 2 EL Olivenöl, 1 EL Paprikapulver, 40g Tomatenmark, 2 Eier, 2 Knoblauchzehen, 80g Zwiebeln, 2 große Paprika, 300g Tomaten, ein wenig Kurkuma

Zubereitung:
1. Dieses Rezept wird in Israel traditionell in der Pfanne zubereitet und auch daraus verzehrt. Es ist typisch, dass die Israelis Shakshuka zum Frühstück essen.

2. Eine Pfanne mit Öl erhitzen und die Gewürze darin anrösten. Solange anrösten, bis die Gewürze alle zusammen mehr an Farbe gewinnen. In der Zwischenzeit die Zwiebel fein hacken und die Paprikas in Streifen schneiden.

3. Zwiebel und Paprikastreifen in die Pfanne geben und weich dünsten. Knoblauch klein schneiden und hinzufügen. Alles zusammen umrühren und die Temperatur ein wenig herunterdrehen. Tomatenmark und gewürfelte Tomaten in die Pfanne geben und alles für 5 Minuten köcheln lassen. Bei Bedarf die Shakshuka mit Pfeffer und Salz abschmecken.

4. Die Eier aufschlagen. Die Shakshuka bei niedriger Temperatur schmoren lassen und mit Pita-Brot servieren.

Shakshuka mit Käse und Spinat

Zubereitungszeit: 30 Minuten

Schwierigkeitsgrad: Einfach

Zutatenliste für 2 Portionen:
Etwas Salz, ein bisschen Pfeffer, 2 EL Olivenöl, 80 g Feta, 1 Zwiebel, 3 Knoblauchzehen, 400g gestückelte Tomaten aus der Dose, 300g Spinat, 2 Eier, ein wenig Muskatnuss, ein bisschen Paprikapulver, Kurkuma

Zubereitung:
1. Für diese Shakshuka die Pfanne auf mittlerer Temperatur mit Öl erhitzen. Zwiebeln zerkleinern und mit dem Kurkuma in die Pfanne geben. Beide Zutaten für einige Minuten schmoren lassen. Wenn die Zwiebeln glasig geworden sind, den fein gehackten Knoblauch in die Pfanne geben. Mit Pfeffer, Salz und Muskatnuss würzen.

2. Den Spinat waschen und zusammen mit den gestückelten Tomaten in die Pfanne geben. Alle Zutaten für 8 Minuten köcheln lassen. Danach die beiden Eier aufschlagen.

3. Shakshuka bei niedriger Temperatur weiter schmoren lassen und mit Pita-Brot servieren.

Gekochte Eier mit Sumach

Zubereitungszeit: 10 Minuten

Schwierigkeitsgrad: Einfach

Zutatenliste für 2 Portionen:
Etwas Salz, etwas Pfeffer, 2 hartgekochte Eier, 2 TL Olivenöl, 40 g Petersilie, 1 EL Sumach (bekommt man im arabischen Supermarkt),
1 EL Zitronensaft, eine halbe Frühlingszwiebel

Zubereitung:
1. Die gekochten Eier in grobe Stücke schneiden und in eine Schüssel geben.

2. Die restlichen Zutaten hinzufügen und miteinander vermengen.

Gebackener Blumenkohl

Zubereitungszeit: 75 Minuten

Schwierigkeitsgrad: Einfach

Zutatenliste für 2 Portionen:
Etwas Salz, ein bisschen weißer Pfeffer, 2 EL Olivenöl, 700 g Blumenkohl

Zubereitung:
1. Den Backofen auf 220 Grad Ober- und Unterhitze vorheizen.

2. Den Blumenkohl in einen großen Topf geben und mit ausreichend Wasser bedecken. Eine Prise Salz hinzufügen und den Blumenkohl zum Kochen bringen. Die Temperatur nach einer Weile reduzieren. Nach 10 Minuten den Topf vom Herd nehmen und das Wasser abgießen.

3. Den Blumenkohl auf ein Backblech mit Backpapier auslegen. Nun mit ausreichend Öl bestreichen. Mit Pfeffer und Salz bestreuen und für ca. 55 Minuten im Backofen schmoren lassen.

Süßkartoffel mit Tahini-Soße

Zubereitungszeit: 45 Minuten

Schwierigkeitsgrad: Einfach

Zutatenliste für 2 Portionen:
Eine Prise Salz, etwas Pfeffer, 2 kleine Süßkartoffeln, 1 EL Olivenöl, ein paar Thymianblätter, 2 EL Tahini, etwas Wasser, etwas frischer Zitronensaft, 2 EL Dattelsirup, ein paar Pinienkerne, ein bisschen frische Petersilie

Zubereitung:
1. Heizen Sie den Backofen zuerst auf 220 Grad Ober- und Unterhitze vor. Halbieren Sie die Süßkartoffel und geben Sie sie auf ein Backblech mit Backpapier.

2. Die Süßkartoffeln mit Olivenöl bestreichen. Ein bisschen von dem Tahini hinzufügen und mit Pfeffer und Salz bestreuen. Die Süßkartoffeln für ca. 20 Minuten im Ofen backen.

3. In der Zwischenzeit die Tahinisoße mit Pfeffer, Salz, Zitronensaft und dem Dattelsirup in einer Schüssel vermengen. Pinienkerne in einer Pfanne ohne Öl anrösten. Die Kräuter klein schneiden und zu der Tahinisoße geben.

4. Die Süßkartoffeln aus dem Ofen herausholen und mit der Tahinisoße begießen. Mit den Pinienkerne bestreuen.

Gefüllte Auberginen mit Käse und Tomaten

Zubereitungszeit: 20 Minuten

Schwierigkeitsgrad: Mittel

Zutatenliste für 2 Portionen:
Etwas Pfeffer, ein bisschen Salz, 400 g Auberginen, 200 g Tomaten, 1 EL Basilikum, 120g Mozzarella, 2 Knoblauchzehen, 2 EL Olivenöl,
½ EL Oregano

Zubereitung:
1. Lassen Sie den Mozzarella in einem Sieb abtropfen und reiben Sie ihn mit einer Küchenreibe klein.

2. Den Backofen auf 220 Grad Ober- und Unterhitze vorheizen.
Die Auberginen in der Mitte durchschneiden. Auberginenhälften mit Olivenöl bestreichen. Die Auberginen im Ofen goldbraun braten.

3. Knoblauch fein hacken und in einer Pfanne mit Öl anrösten. Die Auberginen aus dem Ofen nehmen und abkühlen lassen. Danach ein wenig von dem Fruchtfleisch der Auberginen herauskratzen, so das eine Mulde entsteht.

4. Diese Mulde mit den klein gewürfelten Tomaten und dem Knoblauch füllen. Mozzarella darüber streuen und für weitere 10 Minuten in den Backofen geben.

Käsetorte mit Oliven

Zubereitungszeit: 45 Minuten

Schwierigkeitsgrad: Einfach

Zutatenliste für 2 Portionen (für den Teig):
Etwas Pfeffer, etwas Salz, 150g Mehl, 80 g Butter, 1 EL Quark,
2 EL Wasser

Zutatenliste für den Teig:
Ein bisschen Pfeffer, ein wenig Salz, 150g Fetakäse, 80g Emmentaler,
60g Mehl, 1-2 Eier, 180 ml Schlagsahne, 200 g grüne Oliven,
1 EL Petersilie

Zubereitung:
1. Den Backofen auf 200 Grad Ober- und Unterhitze vorheizen.

2. Die Zutaten für den Teig in eine Schüssel geben und miteinander vermengen. Am Ende sollte eine gleichmäßige und glatte Masse entstehen. Den Teig mit der Hand in eine Backform drücken und für 10 Minuten im Backofen vorbacken lassen.

3. Den Fetakäse in kleine Würfel schneiden und mit den restlichen Zutaten in einer Schüssel verrühren. Die Füllung auf dem vorgebackenen Teig verteilen. Danach für 35 Minuten im Backofen schmoren lassen. Vor dem Servieren für 5 bis 10 Minuten abkühlen
lassen.

Shawarma

Zubereitungszeit: Über 1 Stunde

Schwierigkeitsgrad: Einfach

Zutatenliste für 2 Portionen:
Etwas Pfeffer, etwas Salz, 2 mittelgroße Hähnchenschenkel, 1 rote Zwiebel

Zutatenliste für die Marinade:
Etwas Salz, ein bisschen Pfeffer, 90 ml Olivenöl, Paprikapulver, 1 TL Garam Salam (Kann man im arabischen Supermarkt erwerben)

Zubereitung:
1. Die Knochen von dem Hühnchen entfernen und das Hühnchen in kleine Stücke schneiden. Alle Zutaten für die Marinade in eine Schüssel geben und miteinander vermengen. Das Fleisch in die Marinade geben und für mindestens 4 Stunden ziehen lassen. Wenn Sie wollen, können Sie das Fleisch auch über Nacht ziehen lassen.

2. Die Zwiebel in kleine Stücke schneiden. Eine Pfanne mit dem Öl erhitzen und die Zwiebelstücke darin andünsten lassen. Nun das marinierte Fleisch in die Pfanne geben und mitbraten lassen.

3. Nach wenigen Minuten das Fleisch auf einem Backblech mit Backpapier verteilen. Nun für 40 Minuten das Fleisch bei 200 Grad Ober- und Unterhitze im Backofen schmoren lassen.

4. Am besten passt zu diesem Gericht Reis und Pita-Brot.

Geröstete Auberginensuppe

Zubereitungszeit: 20 Minuten

Schwierigkeitsgrad: Einfach

Zutatenliste für 2 Portionen:
Etwas Salz, ein bisschen Pfeffer, 2 EL Olivenöl, 50 g Karotten, 1 Zwiebel, 1 kleine Stange Porree, 1 Knoblauchzehe, 2 EL Weinessig, 1 Zweig Thymian, 150 ml Sahne, 150 ml Milch, 600g Auberginen

Zubereitung:
1. Die Zwiebel schälen und fein hacken. Danach erst mal zur Seite stellen. Die Auberginen putzen, in Hälften schneiden und mit einer Gasflamme rösten. Die Schale entfernen und die Auberginen in kleine Würfel schneiden.

2. Karotte, Lauch und Zwiebel kleinschneiden. Ein wenig Öl im Topf erhitzen und das Gemüse darin andünsten. Gewürze darüber streuen. Knoblauch fein hacken und dazu geben. Zutaten für 5 Minuten schmoren lassen. Mit dem Weinessig ablöschen und mit Pfeffer und Salz abschmecken.

3. Milch, Sahne und Auberginewürfel in den Topf geben. Alle Zutaten zum Kochen bringen. Zutaten mit dem Pürierstab pürieren.

Pilzsuppe mit Graupen

Zubereitungszeit: Über 1 Stunde

Schwierigkeitsgrad: Einfach

Zutatenliste für 2 Portionen:
Etwas Pfeffer, Salz, 90 g Steinpilze, 40 g Butter, 150 g Porree, 2 EL Olivenöl, 1 EL Thymian, 2 Knoblauchzehen, 200 g Pilze, 1 Prise Muskatnuss, ¼ Tasse mit Basilikumblättern, 200 g Graupen, Wasser

Zubereitung:
1. Lassen Sie die Pilze in ausreichend Wasser für mindestens 30 Minuten einweichen. Die Butter in einem großen Topf schmelzen lassen. Den Porree in Ringe schneiden, mit Thymian, Pfeffer und Salz würzen und in der zerlassenen Butter für circa 10 Minuten schmoren lassen.

2. Knoblauch fein hacken und zusammen mit den Pilzen in den Topf geben.

3. Das Wasser hinzufügen und mit Deckel für 20 Minuten köcheln lassen. Basilikum und Muskatnuss in die Suppe geben.

4. Die Graupen hinzufügen und alles für weitere 35 Minuten köcheln lassen. Suppe mit einem Pürierstab verfeinern und mit Pita-Brot anrichten.

Kürbissuppe mit Süßkartoffel

Zubereitungszeit: 50 Minuten

Schwierigkeitsgrad: Einfach

Zutatenliste für 2 Portionen:
Etwas Pfeffer, etwas Salz, 200 g Kürbis, 300 g Süßkartoffeln, etwas Muskatnuss, 3 EL Olivenöl, 80 g Zwiebeln, etwas Muskatnuss, 80 g Selleriestange, 100 g Karotte, 4 Basilikumblätter,
50 ml Schlagsahne

Zubereitung:
1. Das Gemüse putzen, waschen und abtropfen lassen.

2. Den Backofen auf 220 Grad Ober- und Unterhitze vorheizen.

3. Kürbis aushöhlen, zerkleinern und auf einem Backblech mit Backpapier verteilen. Die Süßkartoffel ebenfalls zerkleinern, auf das Backblech geben und beide Zutaten mit Olivenöl bepinseln. Für 35 Minuten im Backofen backen.

4. Die Butter in einem großen Topf erhitzen. Olivenöl und Gewürze in den Topf geben. Optional können Sie ein paar Lorbeerblätter hinzufügen. Zwiebeln in kleine Würfel schneiden. Die Karotte schälen und in Scheiben schneiden. Den Sellerie in Würfel schneiden. Zwiebel, Karotte und Sellerie zusammen mit 700 ml Wasser in den Topf geben und mit einem Deckel abdecken. Circa 15 Minuten köcheln lassen.

5. Die Süßkartoffeln und den Kürbis in die Suppe geben und für wenige Minuten mitköcheln lassen. Zutaten mit einem Pürierstab verfeinern. Suppe mit Pita-Brot servieren.

Würziger Kartoffelauflauf mit Paprika

Zubereitungszeit: 40 Minuten

Schwierigkeitsgrad: Einfach

Zutatenliste für 2 Portionen:
Etwas Pfeffer, etwas Salz, 2 EL Öl, 1 TL Kurkuma, 1 TL Paprikapulver, 1 Knoblauchzehe, 50 g Zwiebeln, 300 g Paprikaschoten nach Wahl, 300 g Kartoffeln, etwas Thymian, 120 ml Wasser

Zubereitung:
1. Die Knoblauchzehe fein hacken und beiseite stellen. Das Öl in einem Topf erhitzen. Zwiebeln klein schneiden und in den Topf geben. Knoblauch hinzufügen und mitschmoren lassen. Paprika in kleine Scheiben schneiden und in den Topf hinzufügen. Gewürze darüber streuen.

2. Kartoffeln in den Topf geben und mit dem Wasser auffüllen. Alles einmal aufkochen lassen. Die Hitze verringern und für weitere 20 Minuten köcheln lassen.

3. Den Backofen auf 220 Grad Ober- und Unterhitze vorheizen. Das Gemüse auf einem Backblech mit Backpapier verteilen und für 10 Minuten backen. Auflauf in einer großen Schüssel servieren.

Würziges Linsengericht

Zubereitungszeit: 70 Minuten

Schwierigkeitsgrad: Mittel

Zutatenliste für 2 Portionen:
Etwas Pfeffer, etwas Salz, 100 g schwarze Belugalinsen, 1 Liter Wasser, 4 EL Olivenöl, 2 EL Sonnenblumenöl, 250 g Zwiebeln, etwas Zimt, 3 Knoblauchzehen. 60 g Freekeh (bekommt man im arabischen Supermarkt), 150 g Zwiebeln, 1 TL Koriander, etwas Kreuzkümmel, 180 ml Wasser

Zubereitung:
1. Die Zwiebeln und den Knoblauch schälen und klein hacken. Beide Zutaten erst mal beiseite stellen. Die Linsen in einen Topf geben und mit ausreichend Wasser bedecken. Die Linsen für circa 25 Minuten köcheln.

2. Das Öl in einer Pfanne erhitzen. Die Zwiebelwürfel in die Pfanne geben und andünsten. Nach 15 Minuten die Pfanne vom Herd nehmen.

3. Die restlichen Gewürze in der Pfanne kurz schmoren lassen. Den Knoblauch hinzufügen und ebenfalls andünsten. Nun das Freekeh mit etwas Wasser hinzufügen.

4. Alles zum Kochen bringen. Die Zutaten nach 15 Minuten auf den Tellern anrichten und genießen.

Bulgureintopf mit Tomaten

Zubereitungszeit: 20 Minuten

Schwierigkeitsgrad: Einfach

Zutatenliste für 2 Portionen:
Etwas Pfeffer, etwas Salz, 3 EL Olivenöl, 30 g Tomatenmark, 1 Knoblauchzehe, 1 Zwiebel, 80 g Bulgur (bekommt man in jedem türkischen oder arabischen Supermarkt), 3 Tomaten, ½ süße gemahlene Paprika, 240 ml Wasser, 1 EL gehackte Paprika, 1 EL gehackte Mandeln,
etwas Dattelsirup

Zubereitung:
1. Den Knoblauch und die Zwiebeln in kleine Stücke schneiden. Beide Zutaten in der Pfanne andünsten. Nun den Tomatenmark und die Tomaten in die Pfanne geben und zusammen vermengen. Ein wenig Dattelsirup, Paprika, Salz und Pfeffer in die Pfanne geben und ebenfalls miteinander vermengen.

2. Die Temperatur nach kurzer Zeit verringern und die Zutaten für weitere 10 Minuten köcheln lassen. Den Bulgur nach Packungsanleitung zubereiten.

3. Bulgur in die Pfanne geben und mit der Tomatenmischung vermengen. Bulgur mit Thymian abschmecken.

Tahdig (Reis mit knusprigem Kartoffelboden)

Zubereitungszeit: 45 Minuten

Schwierigkeitsgrad: Mittel

Zutatenliste für 2 Portionen:
Etwas Salz, etwas Pfeffer, 200 g Langkornreis, 1 EL Olivenöl, 1 Liter Wasser, ½ TL Kurkuma, 1 EL Koriandersamen, etwas Kreuzkümmel, 240 g Kartoffeln, 40 ml Sonnenblumenöl

Zubereitung:
1. Den Reis gut durchspülen und in einem Sieb abtropfen lassen. Danach für 25 Minuten quellen lassen. 1 Liter Wasser zum Kochen bringen und in einen Topf schütteln. Den Reis in den Topf geben und bei niedriger Temperatur für 10 Minuten köcheln.

2. Öl in einer Pfanne erhitzen. Zwiebeln und Koriander klein schneiden und in die Pfanne geben. Kartoffel waschen und in Scheiben schneiden. Kartoffelscheiben ebenfalls in der Pfanne circa 3 Minuten andünsten. Kurkuma und die restlichen Gewürze in die Pfanne geben und kurz mitdünsten lassen.

3. Nun den halbgegarten Reis unterrühren. Auf niedrigster Stufe garen lassen. Sobald der Reis durch ist kann das Gericht serviert werden.

Reis mit gebackenen Auberginen

Zubereitungszeit: 45 Minuten

Schwierigkeitsgrad: Mittel

Zutatenliste für 2 Portionen:
Etwas Salz, etwas Pfeffer, 1 große Aubergine, 3 EL Olivenöl, 1 Zwiebel, etwas Zimt, etwas Kreuzkümmel, 2 Knoblauchzehen, 1 TL Kümmel, 1 Tasse Basmatireis, 2 Tassen Wasser, 1 EL Mandeln, 1 TL Petersilie

Zubereitung:

1. Knoblauch fein hacken und erst mal beiseite stellen. Den Backofen auf 220 Grad vorheizen. Ein Backblech mit Backpapier auslegen. Die Auberginen waschen und in Würfel schneiden. Die Auberginenwürfel auf dem Backblech verteilen. Mit Olivenöl beträufeln.

2. Die Auberginenwürfel für ca. 20 Minuten im Ofen schmoren lassen. Dann aus dem Ofen nehmen und abkühlen lassen. Die Zwiebeln klein schneiden und in einem Topf mit Öl schmoren lassen. Den Knoblauch mit den Gewürzen in den Topf geben und ebenfalls schmoren lassen.

3. Nach 2 Minuten die Auberginen zusammen mit dem Reis in den Topf geben. Wasser und Salz hinzufügen und die Temperatur erhöhen. Alles für 10 Minuten köcheln lassen. Die Mandeln klein hacken und zu den Zutaten im Topf geben.

4. Zu Ende schmoren lassen und mit etwas Kreuzkümmel servieren.

Taboule

Zubereitungszeit: 10- 15 Minuten

Schwierigkeitsgrad: Einfach

Zutatenliste für 2 Portionen:
Etwas Pfeffer, etwas Salz, 70 g Bulgur, einige Pinienkerne, 4 Tomaten, 2 Bund Petersilie, 2 Zwiebeln, 2 Zitronen, 100 g getrocknete Tomaten

Zubereitung:
1. Den Saft der beiden Zitronen auspressen und erst mal beiseite stellen.

2. Den Bulgur nach Packungsanleitung zubereiten. Die Pinienkerne bei niedriger Temperatur mit ein wenig Öl in der Pfanne anrösten. Die Petersilie in der Zwischenzeit waschen und fein hacken.

3. Petersilie zu dem Bulgur geben und miteinander vermengen. Alle Zutaten in eine Schüssel geben und mit einem Löffel vermengen.

Hühnchen aus dem Ofen mit Zitrone

Zubereitungszeit: Über 1 Stunde

Schwierigkeitsgrad: Mittel

Zutatenliste für 2 Portionen:
Etwas Pfeffer, etwas Salz, 100 g Topinambur (bekommt man im israelischen Supermarkt), 200 g Kartoffeln, eine halbe Bio-Zitrone, 5 Schalotten, 300 g Hühnchenkeulen, 10 ml Olivenöl, 4 Stängel Thymian, 3 Knoblauchzehen

Zubereitung:
1. Für dieses Gericht muss man ein wenig Zeit für die Zubereitung einplanen. Kartoffeln und Topinambur schälen und in kleine Stifte schneiden. Knoblauchzehen schälen und klein hacken. Die Zitrone heiß waschen und in dünne Streifen schneiden. Das Hühnchen waschen und abtropfen lassen.

2. Den Backofen auf 220 Grad vorheizen. Topinambur zusammen mit ausreichend Wasser für 15 Minuten köcheln und im Anschluss das Kochwasser abgießen.

3. Eine Auflaufform mit Öl einfetten. Die Hühnchenschenkel in die Auflaufform geben und mit Salz und Pfeffer würzen. Topinambur, Knoblauch, Zitronen, Kartoffeln und Schalotten in der Auflaufform gleichmäßig verteilen. Thymianstängel verteilen und die gesamten Zutaten mit Olivenöl beträufeln.

4. Die Zutaten für 40 Minuten im Ofen schmoren lassen.

Gefüllte Paprika auf israelische Art

Zubereitungszeit: 1 Stunde
Schwierigkeitsgrad: Mittel

Zutatenliste für 2 Portionen:
Etwas Pfeffer, etwas Salz, 5 rote Spitzpaprika, 350 g passierte Tomaten, 1 TL Harissapaste (bekommt man im arabischen Supermarkt), 1 TL Zucker, 1 EL Öl, 100 g Basmatireis, 1 TL Ras el Hanout, ½ Bund Petersilie, 2 EL Zitronensaft, 75 g Naturjoghurt, 2 Zwiebeln, 300 g Rinderhackfleisch

Zubereitung:
1. Die Zwiebeln schälen und fein hacken. Zwiebelwürfel erst mal beiseite stellen.

2. Den Reis gründlich waschen und abtropfen lassen. Den Reis 7 Minuten in Salzwasser köcheln und das Wasser danach abgießen.

3. Eine Pfanne erhitzen und das Ras el Hanout darin andünsten. Ein wenig Öl und ca. die Hälfte von den Zwiebelwürfel in die Pfanne geben und ebenfalls andünsten. Alles anschwitzen und danach abkühlen lassen.

4. Die Petersilie fein hacken. Den Reis zusammen mit dem Fleisch, Pfeffer, Salz, Petersilie, Zwiebeln und einer kleinen Prise Zucker vermengen.

5. Die Paprikaschoten in der Mitte durchschneiden. Alle Schoten mit der Fleischmischung füllen. Die Harissapaste mit den passierten und den rohen, klein geschnittenen Tomaten miteinander vermengen.

6. Die Mischung in eine Backform füllen. Die Spitzpaprika in die Form geben. Den Backofen auf 200 Grad Umluft aufheizen. Zutaten für 40 Minuten backen. In der Zwischenzeit den Joghurt mit dem Zitronensaft und etwas Salz und Pfeffer glatt rühren. Die fertigen Paprikaschoten gemeinsam mit dem Joghurt servieren.

Hummus mit Rindfleisch und Zitronensaft

Zubereitungszeit: 25 Minuten

Schwierigkeitsgrad: Einfach

Zutatenliste für 2 Portionen:
Etwas Pfeffer, etwas Salz, 300 g Lammfleisch, etwas Piment, eine Prise Zimt, 3 EL Olivenöl, ½ Bund Petersilie , ¼ Bund Minze , 2 EL Pinienkerne

Zutatenliste für die Soße:
Salz, Pfeffer, 15 ml Zitronensaft, 1 TL grünes Chili, etwas Kreuzkümmel, 1 Schalotte, 1 Knoblauchzehe

Zutatenliste für den Hummus:
400 g Kichererbsen, eine Prise Salz, 40 g Tahini, 2 EL Olivenöl, 3 EL Zitronensaft, 1 Knoblauchzehen

Zubereitung:
1. Alle Zutaten für den Hummus in eine Küchenmaschine geben und miteinander vermengen.

2. Das Fleisch waschen und in sehr dünne Scheiben schneiden. Für die Marinade das Olivenöl, Pfeffer, Salz und Piment in eine Schüssel geben und miteinander vermengen.

3. Als Nächstes kümmern wir uns um die Zitronensoße. Hierfür die grüne Chili in kleine Stücke schneiden. Knoblauch schälen und zerdrücken. Am besten eine Knoblauchpresse verwenden. Schalotte schälen und in sehr kleine Stücke schneiden. Minze und Petersilie fein hacken. Zutaten miteinander vermischen.

4. Pinienkerne in einer Pfanne ohne Öl anrösten. Das Fleisch in einer separaten Pfanne mit Öl anrösten. Fleisch nach Belieben würzen.

5. Den Hummus in einem tiefen Teller verteilen und mit einem Löffel eine Mulde kreieren. Nun das warme Fleisch mit dem Zitronensaft darauf legen. Etwas Olivenöl darüber geben und mit den gerösteten Pinienkernen garnieren.

Gebackene Aubergine mit Chermoula

Zubereitungszeit: 50 Minuten

Schwierigkeitsgrad: Mittel

Zutatenliste für 2 Portionen:
Etwas Pfeffer, etwas Salz, 2 kleine Auberginen, 1 TL Kreuzkümmel, etwas Koriander, 1 TL Paprikapulver, 2 Knoblauchzehen, 1 EL gehackte Minze, 80 ml Olivenöl, 50 g Bulgur, 1 EL Mandelblätter, 15 g Rosinen, 140 ml Gemüsebrühe, ½ Bund Koriander, 80 g griechischer Joghurt, Abrieb von 2 frischen Zitronen

Zubereitung:

1. Die Auberginen waschen und längs in Scheiben schneiden. Circa 4 Scheiben sollten jeweils aus einer Aubergine entstehen. Mit Küchenpapier bedecken und die Auberginenscheiben für 60 Minuten ziehen lassen.

2. In der Zwischenzeit können Sie sich um die Zubereitung von der Chermoula kümmern. Für die Paste Salz, Pfeffer, restlichen Gewürze, Zitronenabrieb und gepressten Knoblauch miteinander vermengen. Etwas Olivenöl hinzufügen.

3. Den Bulgur nach Packungsanleitung zubereiten. Den Ofen auf 200 Grad Umluft vorheizen. Die Auberginenscheiben auf ein Backblech mit Backpapier verteilen. Würzpaste auf den Auberginenscheiben verteilen und für eine halbe Stunde im Backofen schmoren lassen.

4. Den Bulgur mit den Rosinen vermengen. Eine kleine Prise Salz darüber geben. Mandeln klein hacken, mit der Minze und dem Joghurt verrühren. Die Auberginen auf den Tellern anrichten. Mit dem Joghurt bedecken und Koriander darüberstreuen. Dazu den Bulgur reichen.

Linsensuppe auf israelische Art

Zubereitungszeit: 45 Minuten

Schwierigkeitsgrad: Einfach

Zutatenliste für 2 Portionen:
Pfeffer, Salz, 1 Tasse mit roten Linsen, etwas Knoblauchpulver, 2 EL Olivenöl, etwas Chilipulver, 1 Bund Petersilie, 2 Knoblauchzehen, 1 gewürfelte Karotte, 1 gewürfelte Kartoffel, ½ Zitrone, 1 TL Gemüsebrühe, 1 Zwiebel, 1 TL Tomatenmark

Zubereitung:

1. Zwiebel und Knoblauch klein schneiden und erst mal beiseite stellen. Saft der Zitrone auspressen und ebenfalls beiseite stellen.

2. Ein wenig Öl in die Pfanne geben und darin die Zwiebeln mit dem Tomatenmark erhitzen. Das Gemüse in die Pfanne geben und für wenige Minuten anschmoren. Danach mit 1 Liter Wasser ablöschen.

3. Die Gemüsebrühe mit den restlichen Gewürzen in die große Pfanne geben. Linsen in Salzwasser nach Packungsanleitung zubereiten und danach ebenfalls in die Pfanne geben.

4. Den Zitronensaft mit Petersilie, Pfeffer und Salz vermengen. Zum Schluss alles auf einem Teller gemeinsam anrichten.

Israelischer Kräutersalat mit leckerem Brot

Zubereitungszeit: 15 Minuten

Schwierigkeitsgrad: Einfach

Zutatenliste für 2 Portionen:
Pfeffer, Salz, 80 g Minze, 80 g Basilikum, 80 g Petersilie, ein wenig Knoblauchpulver, 1 Pita-Brot, 1 El Za'atar (scharfe israelische Würzmischung),60 ml Olivenöl, 2 EL Olivenöl, 40 g Haselnüsse, ein wenig Dattelsirup, 1 TL Weinessig, 1 EL Granatapfelkerne

Zubereitung:

1. Falls Sie kein Za'atar Zuhause haben, können Sie auch auf andere Kräuter zurückgreifen. Beginnen Sie damit den Ofen auf 220 Grad Umluft vorzuheizen. Die Kräuter waschen und trockenschütteln. Kräuter zerkleinern und in eine Schüssel geben.

2. Pita halbieren und auf ein Backblech geben. 2 EL Olivenöl mit etwas Za'atar vermengen. Nach belieben eine Prise Salz hinzufügen. Die Mischung auf der Oberfläche der Pitabrote verteilen. Pita-Brot für 5 Minuten in den Backofen schieben und anrösten.

3. Die Haselnüsse in der Zwischenzeit in einer Pfanne ohne Öl anrösten. Die Haselnüsse nach 8 Minuten herausnehmen und klein hacken.

4. Den Dattelsirup mit dem Weinessig, Pfeffer und Salz in einer Schüssel vermengen. Die Linsen mit den frischen Kräutern in eine Schüssel geben. Das Dressing darüber verteilen. Die gerösteten Haselnüsse dazugeben und mit dem Pita-Brot servieren.

Süßer Bar-Mizwa Reis

Zubereitungszeit: 30 Minuten

Schwierigkeitsgrad: Mittel

Zutatenliste für 2 Portionen:
220 g Basmatireis, eine Prise Salz, 10 g Pinienkerne, 50 g Rosinen, 1 Zimtstange, 2 EL Olivenöl, 380 ml Wasser, 25 g Mandeln, 2 dünne Zitronenscheiben, 25 g Butter, 2 EL Dill

Zubereitung:

1. Die Mandeln und den Dill separat klein hacken und erst mal beiseite stellen. Den Reis gründlich waschen und in einem Sieb abtropfen lassen. Eine Pfanne mit Öl erhitzen und die Zimtstange darin bei mittlerer Temperatur anrösten. Nach 2 Minuten die Mandeln, Rosinen und Pinienkerne dazugeben und ebenfalls mitrösten.

2. Zutaten für 5 Minuten dünsten. Den Reis zusammen mit dem Wasser und den Zitronenscheiben dazugeben und gründlich vermengen. Eine Prise Salz über die Zutaten streuen.

3. Die Butter dazu geben. Dill darüber streuen. Den Deckel auf die Pfanne setzen und den Reis mit den restlichen Zutaten für mindestens 15 Minuten köcheln lassen. Vor dem Servieren noch für 5 Minuten zugedeckt ziehen lassen.

Kartoffelsalat auf israelische Art

Zubereitungszeit: 30 Minuten

Schwierigkeitsgrad: Einfach

Zutatenliste für 2 Portionen:
Etwas Salz, etwas Pfeffer, 5 mittelgroße Kartoffeln, 2 Eier (hartgekocht), 2 mittelgroße Salzgurken, eine halbe Fleischtomate

Zutatenliste für das Dressing:
3 EL Gurkenwasser, eine halbe Zitrone, 5 g Dill, 1 TL Senf, 80 g Mayonnaise

Zubereitung:
1. Alle Kartoffeln waschen und in einem Sieb abtropfen lassen. Danach in Salzwasser kochen und abkühlen lassen. Die Kartoffel schälen und in kleine Würfel schneiden.

2. Tomate waschen und den Strunk entfernen. Ebenfalls in kleine Würfel schneiden. Die Schale von den gekochten Eiern entfernen.

3. Salzgurken vierteln. Alle Zutaten in eine Schüssel geben und danach die Zutaten für das Dressing miteinander vermengen. Dressing über den Kartoffelsalat gießen.

Huhn mit Orangensoße

Zubereitungszeit: 50 Minuten

Schwierigkeitsgrad: Einfach

Zutatenliste für 2 Portionen:
400 g Hühnerbrust, etwas Pfeffer, etwas Salz, 140 ml Orangensaft, 3 EL Sherry, 2 TL Senf, 1 EL Olivenöl, 2 Orangen, 1 Zwiebel, 1 EL Speisestärke, etwas Ingwer, eine Prise Zimt, 1 TL braunen Zucker

Zubereitung:
1. Die Zwiebel schälen und fein hacken. Zwiebel erst mal beiseite stellen.

2. Das Huhn in feine Streifen schneiden. Eine Pfanne mit Öl erhitzen und die Zwiebelstücke darin andünsten. Gewürze ebenfalls in der Pfanne anschwitzen lassen.

3. Den Senf zusammen mit dem Ingwer, Zimt und der Stärke vermengen. Sherry untermischen und alles zu einer gleichmäßigen Paste vermengen. Danach den Orangensaft dazugeben.

4. Das Hühnerfleisch in die Pfanne geben und von beiden Seiten gut anbraten. Nach wenigen Minuten mit der Orangenmischung ablöschen. Mit Pfeffer und Salz abschmecken.

5. Die Hitze reduzieren und das Huhn mit Deckel für 15 Minuten weiter schmoren lassen.

Tomatensuppe auf israelische Art

Zubereitungszeit: 30 Minuten

Schwierigkeitsgrad: Einfach

Zutatenliste für 2 Portionen:
Etwas Pfeffer, etwas Salz, 3 EL Olivenöl, 1 rote Zwiebel, eine halbe Stange Staudensellerie, 2 Knoblauchzehen, etwas Kreuzkümmel, etwas Koriander, 2 TL Paprika (süß), 2 EL Tomatenmark, 2 Tomaten, 600 ml Gemüsebrühe, etwas Kokosblütenzucker (bekommt man in der Drogerie), etwas Zitronensaft, etwas Thymian

Zubereitung:
1. Die rote Zwiebel schälen und fein hacken. Zwiebelstücke erst mal beiseite stellen.

2. Eine Pfanne mit Öl erhitzen und den Staudensellerie darin andünsten. Nach 2 Minuten die Zwiebelstücke in die Pfanne geben. Die Gewürze hinzufügen und in der Pfanne mitdünsten.

3. Die Hälfte von dem Koriander in die Pfanne geben und mitdünsten. Tomatenmark unterrühren.

4. Nach ein paar Minuten die Gemüsebrühe gemeinsam mit den Tomaten hinzufügen. Eine Prise Zucker untermischen. Zitronensaft hinzufügen.

5. Die Suppe für eine halbe Stunde mit Deckel köcheln lassen. Danach optional mit einem Pürierstab verfeinern und die Tomatensuppe gemeinsam mit Pita-Brot servieren.

Israelischer Kräutersalat

Zubereitungszeit: 10-15 Minuten

Schwierigkeitsgrad: Einfach

Zutatenliste für 2 Portionen:
Eine Prise Salz, etwas Pfeffer, 80 g Basilikum, 100 g Minze, 1 Bund Petersilie, 40 g Dill, 1-2 Pita-Brote, 2 EL Za´ter (erhältlich in jedem israelischen Supermarkt), 2 EL Olivenöl, 30 g Haselnüsse, 1 EL Dattelsirup, ½ EL Weinessig, ein paar Granatapfelkerne

Zubereitung:
1. Heizen Sie den Backofen zuerst auf 220 Grad Umluft vor. Nun alle Kräuter waschen und gut abtropfen lassen. Alle Kräuter zerkleinert in eine Schüssel geben. Pita halbieren und die Pitahälften auf ein Backblech geben.

2. Za´ter mit dem Olivenöl vermengen. Ein wenig Salz hinzugeben. Nun das Pita-Brot damit bestreichen. Die beiden Brothälften für circa 4 Minuten im Backofen rösten. Danach für ein paar Minuten abkühlen lassen.

3. Die Haselnüsse in grobe Stücke hacken. Den Dattelsirup in eine kleine Schüssel geben und mit dem Weinessig, Pfeffer und Salz vermengen. Beim Rühren schrittweise Olivenöl hinzugeben und mit einer Gabel vermengen.

4. Das fertige Dressing über die Kräuter gießen. Nun die Haselnüsse dazugeben. Das Pita-Brot in kleine Würfel reißen und im Salat verteilen. Mit den Granatapfelkernen garnieren.

Vegane und vegetarische Gerichte aus Israel

Sabich (Israelisches Frühstückssandwich)

Zubereitungszeit: 20 Minuten

Schwierigkeitsgrad: Einfach

Zutatenliste für 2 Portionen (Für die Füllung):
Etwas Salz, etwas Pfeffer, 1 Aubergine, 4 EL Olivenöl, 1 Gurke, 2 EL Apfelessig, 1-2 rote Zwiebeln, 1 Frühlingszwiebel, 140 g Kichererbsen, 1 TL Kala Namak (Bekommt man im israelischen oder arabischen Supermarkt), 2 Tomaten

Zutatenliste für die Soße:
1 Bund Petersilie, etwas Salz, etwas Pfeffer, 1 Zitrone, 1 Knoblauchzehe, etwas Koriandersamen, etwas Kreuzkümmel, 1 grüne Chili, 10 g Koriander, 1 EL Agavendicksaft

Weitere Zutaten:

Pita-Brote, 3 EL Tahini, 3 EL Sojajoghurt

Zubereitung:
1. Beginnen Sie damit die Aubergine zu waschen und in sehr dünne Scheiben zu schneiden. Danach mit Salz würzen und beiseite stellen. Die Zwiebeln schälen und fein hacken.

2. Tomaten und Gurken waschen und in kleine Gemüsewürfel schneiden. Gemüse mit ein wenig Pfeffer und Salz würzen. Etwas Olivenöl in der Pfanne heiß werden lassen. Die Kichererbsen bei mittlerer Temperatur für 5 Minuten rösten. Kichererbsen würzen, wieder herausholen und mit Kala Namak würzen.

3. Ein wenig Öl in die Pfanne geben und die Auberginenscheiben in der Pfanne von beiden Seiten goldbraun braten. Auberginen zwischendurch würzen.

4. Die Zutaten für die Soße pürieren. Die Pita-Brote für 5 Minuten im Backofen backen. Danach mit jeweils 1 EL Tahini bestreichen. Nun mit den Auberginenscheiben und den Kichererbsen füllen. Den Tomatensalat dazu geben. Mit dem Joghurt abrunden und mit den Zwiebelwürfel toppen.

Das Falafel Original

Zubereitungszeit: 25 Minuten

Schwierigkeitsgrad: Einfach

Zutatenliste für 2 Portionen:
Etwas Salz, etwas Pfeffer, 200 g getrocknete Kichererbsen, etwas Knoblauchpulver, 3 Knoblauchzehen, 1 TL Kreuzkümmel, 1 rote Zwiebel, 1 EL Petersilie, 2 EL Koriander, 1 TL Chilipulver, 2 Pita-Brote, Tahinisoße, 2 Tomaten, 1 Paprika, etwas Mehl, etwas Backpulver

Zubereitung:
1. Die Kichererbsen in eine Schüssel geben und mit Wasser zugedeckt mindestens 12 Stunden quellen lassen. Die Zwiebel sowie den Knoblauch fein hacken.

2. Zutaten in einen Mixer geben und danach die Petersilie, den Koriander, den Pfeffer und das Salz dazugeben und miteinander vermengen. Kreuzkümmel hinzufügen und pürieren. 3 EL Mehl mit dem Backpulver vermengen. Zu den Kichererbsen in den Mixer geben und miteinander vermengen.

3. Diese Masse für einige Stunden im Kühlschrank ziehen lassen. Tomaten und Paprika waschen und in kleine Würfel schneiden. Tahini zusammen mit etwas Wasser vermengen. Aus der Falafelmasse mit der Hand kleine Bällchen formen.

4. Öl in eine Pfanne geben und die Falafelbällchen darin anbraten. Nun das Pita-Brot für 4 Minuten im Backofen erhitzen. Pita-Brot in der Mitte aufschneiden und mit den Falafel-Bällchen füllen. Tomaten- und Gurkenwürfel hinzufügen. Mit der Soße übergießen.

Vegane Shakshuka

Zubereitungszeit:30 Minuten
Schwierigkeitsgrad: Mittel

Zutatenliste für 2 Portionen:
1 rote Zwiebel, etwas Pfeffer, etwas Salz, 400 g gestückelte Tomaten aus der Dose, eine Prise Knoblauchpulver, 2 mittelgroße Tomaten, 3-4 Datteln (am besten aus dem arabischen Supermarkt), 50 ml Hafermilch, ein wenig gelbe Chili, 1 Knoblauchzehe, eine Prise Oregano, ½ TL Backpulver, 1 TL Kurkuma, etwas Petersilie, 1 Avocado, 25 g Kichererbsenmehl, ein wenig Zitronenabrieb, eine Prise Zimt

Zubereitung:
1. Die Zwiebel und Knoblauchzehe schälen und fein hacken. Öl in der Pfanne erhitzen. Zwiebeln und Knoblauch in der Pfanne glasig dünsten und im Anschluss das Chili hinzufügen.

2. Die Tomaten waschen und in gleich große Scheiben schneiden. Tomaten in die Pfanne geben und mit Pfeffer und Salz würzen. Die Datteln klein hacken und zu den Zutaten in der Pfanne geben. Petersilie fein hacken und mit den gestückelten Tomaten in die Pfanne geben.

3. Zitronenabrieb, Zimt und Kreuzkümmel hinzufügen. Zutaten gut durchrühren und für 8 Minuten bei mittlerer Temperatur köcheln lassen.

4. In der Zwischenzeit können Sie sich schon mal um den Ei-Ersatz kümmern. Das Kichererbsenmehl in eine Schüssel geben. Backpulver und Hafermilch hinzugeben. Eine Prise Salz hinzufügen. Oregano und Kreuzkümmel hinzugeben. Zutaten mit einem Löffel miteinander vermengen und im Anschluss für 8 Minuten ruhen lassen.

5. Nach 8 Minuten den Ei-Ersatz in die Mitte der Pfanne geben und für 10 Minuten köcheln lassen. Die Avocado schälen, das Fruchtfleisch entfernen und in Scheiben schneiden. Avocadoscheiben auf der Shakshuka platzieren. Mit Petersilie garnieren und zusammen mit dem Pita-Brot anrichten.

Vegetarische Freekeh

Zubereitungszeit: 30 Minuten

Schwierigkeitsgrad: Mittel

Zutatenliste für 2 Portionen:
Eine Prise Salz, etwas Pfeffer, 300 g Freekeh, ein paar Rosinen, 70 g Cashewkerne, 130 g Linsen, 2 Zwiebeln, ein wenig Kreuzkümmel, 4 EL Öl

Zubereitung:
1. Geben Sie die Freekeh zuerst auf ein Backblech und sortieren Sie eventuelle Steinchen heraus. Freekeh im Anschluss waschen und für 25 Minuten im lauwarmen Wasser einweichen lassen. Die Linsen waschen und nach Packungsanleitung in Salzwasser zubereiten.

2. Wenn die Linsen weich sind, die Freekeh ebenfalls in den Topf geben. Salz, Pfeffer und Kreuzkümmel hinzufügen und so viel Wasser hinzugeben, so dass beide Zutaten damit überdeckt sind.

3. Beide Zutaten bei niedriger Temperatur zum Kochen bringen, bis die Freekeh weich geworden ist. Kurz bevor die Freekeh fertig ist, noch ein paar Rosinen hinzufügen. Zutaten mit Gewürzen abschmecken.

4. Das Öl in einer Pfanne heiß werden lassen. Zwiebeln klein schneiden und in der Pfanne anbraten lassen. Cashewkerne ebenfalls am Ende kurz anbraten. Zum Schluss alle Zutaten zusammen servieren.

Halloumi mit Granatapfel

Zubereitungszeit: 20 Minuten

Schwierigkeitsgrad: Einfach

Zutatenliste für 2 Portionen:
Etwas Salz, eine Prise Pfeffer, 400 g Halloumi, 1 großer Bund Minze, 8 EL Öl, weiteres Öl zum Anbraten, 1-2 Zitronen, 4 EL Granatapfelkerne

Zubereitung:
1. Halloumi auf einer Arbeitsfläche in gleich große Scheiben schneiden. Das Olivenöl in eine Schüssel geben. Den Saft der beiden Zitronen auspressen und zu dem Olivenöl geben. Minze klein hacken und mit Pfeffer und Salz dazugeben.

2. Die Halloumischeiben mit dieser Marinade bestreichen und für 15 Minuten ziehen lassen. Öl in einer Pfanne erhitzen. Halloumi auf beiden Seiten knusprig braten.

3. Halloumischeiben auf einen Teller geben und mit der restlichen Marinade begießen. Am Ende mit den Granatapfelkernen garnieren.

Kibbeh mit Kürbis

Zubereitungszeit: 25 Minuten

Schwierigkeitsgrad: Einfach

Zutatenliste für 2 Portionen:
Eine Prise Salz, etwas Pfeffer, 130 g Kürbis, Gemüsebrühe, 50 g Bulgur, 50 g Mehl, ½ Zwiebel

Zutatenliste für die Füllung:
50 g Falafelteig, Salz, Pfeffer, 20 g gehackte Walnüsse, Öl zum Anbraten, eine Prise Zimt, etwas Kreuzkümmel, Koriander, Paprikapulver

Zubereitung:
1. Zunächst müssen Sie den Kürbis waschen und das Fruchtfleisch davon danach in kleine Würfel verarbeiten. Die Kürbiswürfel zusammen mit der Gemüsebrühe solange garen, bis der Kürbis weich geworden ist.

2. Die Gemüsebrühe über den Bulgur geben und den Bulgur ziehen lassen.

3. Für die Füllung, müssen Sie zunächst die Zwiebel schälen und klein hacken. Den Falafelteig in etwas Öl anbraten. Den Teig würzen und die Walnüsse dazugeben.

4. Die Kürbiswürfel mit einem Kartoffelstampfer zerkleinern. Die restliche Flüssigkeit von dem Bulgur abgießen. Alles zusammen mit dem Mehl vermengen. Die Masse danach mit dem Falafelteig füllen. Danach zu ovalen Stückchen formen. Die ovalen Förmchen für ca. 15 Minuten im Salzwasser köcheln. Im Anschluss die Förmchen für 5 Minuten frittieren und genießen.

Melanzani

Zubereitungszeit: 50 Minuten

Schwierigkeitsgrad: Mittel

Zutatenliste für 2 Portionen:
Etwas Pfeffer, etwas Salz, 1 Aubergine, 1 Zucchini, 2 Zitronen, etwas Öl zum Braten, 1 mittelscharfe Peperoni, 1 Handvoll Petersilie, 1 Handvoll Minze, ½ TL Chiliflocken

Zubereitung:
1. Die Aubergine waschen und in gleich große Scheiben schneiden. Auberginenscheiben mit Salz und Pfeffer würzen. Nun die Peperoni waschen und in kleine Ringe schneiden. Die Minze und die Petersilie fein hacken.

2. Den Saft der Zitronen auspressen und zusammen mit den Kräutern und den Peperonis vermengen. Bei Bedarf mit Salz und Pfeffer nachwürzen. Die Zucchini waschen und in dünne Scheiben schneiden. Zucchinischeiben und Auberginenscheiben in einer Pfanne mit Öl anbraten. Beide Zutaten würzen.

3. Die Auberginen- und Zucchinischeiben auf einem großen Teller anrichten. Das Dressing darüber gießen und mit den Chiliflocken abschmecken.

Würziger Karottensalat

Zubereitungszeit: 15 Minuten

Schwierigkeitsgrad: Einfach

Zutatenliste für 2 Portionen:
Etwas Pfeffer, etwas Salz, 400 g Karotten, 3 Knoblauchzehen, ½ Zwiebel, 3 Stiele Petersilie, 3 Stiele Basilikum, ½ Chilischote, 50 ml Wasser, 2 Zitronen, etwas Paprikapulver

Zubereitung:
1. Den Saft der beiden Zitronen auspressen und erst mal beiseite stellen. Die Karotten waschen und in sehr dünne Streifen hobeln. Knoblauch und Zwiebel schälen und fein hacken.

2. Die Pfanne mit der Hälfte des Öls erhitzen. Die Karotten zusammen mit dem Knoblauch in der Pfanne anschwitzen. Zutaten nach Belieben würzen. Die Zwiebeln hinzufügen und nach wenigen Minuten mit dem Zitronensaft abschmecken.

3. Die Chilischote entkernen und in kleine Stücke schneiden. Basilikum und Petersilie fein hacken. Für das Dressing Pfeffer, Salz und Zitronensaft miteinander vermengen. Die Chilistücke hinzufügen. Den Karottensalat aus der Pfanne holen und mit dem Dressing übergießen. Zum Schluss mit den Kräutern garnieren.

Süßes aus Tel Aviv

Israelischer Früchtesalat

Zubereitungszeit: 10-15 Minuten

Schwierigkeitsgrad: Einfach

Zutatenliste für 2 Portionen:
120 g Saftorangen, eine Prise Zimt, 1 EL Zucker, 2 große Orangen, 1-2 rote Äpfel, 1 Banane

Zubereitung:
1. Den Saft der Saftorangen auspressen und in eine Schüssel gießen. Nun den Zucker unterrühren und gut mit dem Orangensaft vermengen.

2. Die Orangen schälen und im Anschluss in 2 cm dicke Würfel schneiden. Achten Sie dabei darauf alle Kerne zu entfernen. Die Kerne der Äpfel ebenfalls entfernen und das Obst in gleich große Würfel verarbeiten.

3. Alle Früchte in eine Schüssel geben und mit dem Orangensaft vermengen. Die Schüssel für mindestens 10 Minuten in den Kühlschrank stellen. So können die Früchte besser den Saft der Orange aufnehmen. Mit einer Prise Zimt abrunden.

Israelischer Grießkuchen

Zubereitungszeit: 35 Minuten

Schwierigkeitsgrad: Einfach

Zutatenliste für 2 Portionen:
300 g Weichweizengrieß, eine Prise Zimt, 125 ml Wasser, 200 g Zucker, 10 Tropfen Orangenblütenwasser, 10 g Backpulver, 15 Mandeln, 60 g weiche Butter, 125 ml Milch, ½ Packung Vanillezucker

Zubereitung:
1. Zuerst kümmern wir uns um den Zuckersirup bei diesem Rezept. Hierfür das Wasser mit dem Zucker gemeinsam in einen Topf gießen und beides zum Kochen bringen. Wenn sich der Zucker gelöst hat, den Zitronensaft und das Orangenblütenwasser hinzugeben. Die Zutaten für mindestens 10 Minuten köcheln lassen. Danach den Topf vom Herd nehmen und abkühlen lassen.

2. Den Backofen auf 220 Grad vorheizen. Den Weichweizengrieß mit dem Vanillezucker und dem Backpulver in eine Schüssel geben. Die Milch und die Butter hinzufügen und miteinander vermengen. Die Hälfte von dem Zuckersirup hinzufügen. Zutaten mit den Händen zu einem Teig verkneten.

3. Teig in eine Backform geben und glatt drücken. Mandeln in die Form hineindrücken.

4. Den Kuchen in den Backofen schieben und für circa 20 Minuten backen. Den Kuchen aus dem Ofen holen und für 5 Minuten abkühlen lassen. Danach den Rest des Sirups über den Teig gießen und mit Zimt garnieren.

Leckere Knafe

Zubereitungszeit: 40 Minuten

Schwierigkeitsgrad: Mittel

Zutatenliste für 2 Portionen:
Etwas Zimt, 50 g Kataifi-Nudeln, 50 g Butter, 200 g Mozzarella, 20 g Pistazien

Zutatenliste für den Sirup:
50 ml Wasser, 60 g Zucker, 1 Kardamomkapsel, frischer Zitronensaft, Zitronenabrieb

Zubereitung:
1. Mozzarella für 20 Minuten in einen Sieb geben, sodass die Flüssigkeit abtropfen kann. Für die weitere Verarbeitung muss der Mozzarella nämlich komplett trocken sein. Mozzarella mit einem Küchenhobel reiben.

2. Nun für den Sirup, Wasser mit dem Zucker und Kardamom in einen Topf geben und gemeinsam zum Kochen bringen. Nach nur 1 Minute den Zitronenabrieb zu den Zutaten im Topf geben. Bei geringer Temperatur solange kochen lassen, bis ein dickflüssiger Sirup entsteht.

3. Kataifi aus der Packung herausnehmen und in eine große Schüssel geben. Mit Hilfe von einer Schere den Kataifi in ca. 3 große Stücke schneiden.

4. Die Butter in einer großen Pfanne zerlassen. Kataifi reingeben. Den geriebenen Mozzarella hinzugeben und für circa 10 bis 15 Minuten köcheln lassen. Die Kataifi zwischendurch immer wieder glätten. Am Ende noch mit dem Sirup begießen und den Pistazien abrunden.

Baklava - eine arabische Köstlichkeit

Zubereitungszeit: 1-2 Stunden

Schwierigkeitsgrad: Mittel

Zutatenliste für 2 Portionen:
200 g Pistazien, eine Prise Zimt. 1 TL Gewürznelken, 130 g Butter, 250 g Filoteig (kann man in jedem türkischen oder arabischen Supermarkt kaufen)

Zutatenliste für den Sirup:
200 g Zucker, 120 ml Wasser, ½ Zimtstange, 3 Zitronenschalen, ein wenig frischer Zitronensaft

Zubereitung:
1. Sie können für dieses Rezept statt Pistazien auch einen Nussmix aus Mandeln und Co verwenden. Die Pistazien oder Nüsse müssen im ersten Schritt klein gehackt werden. Achten Sie aber darauf, dass die Nüsse nicht zu einem Pulver werden. Die gehackten Nüsse in eine Schüssel mit den Gewürznelken geben. Ein bisschen Zimt dazugeben. Nun den Backofen auf 180 Grad Ober- und Unterhitze vorheizen.

2. Nutzen Sie eine Backform, die mindestens so groß ist wie Ihr Filoteig. Die Backform mit ein wenig zerlassener Butter bestreichen. Den Filoteig auf einer Arbeitsfläche mit 1 TL Butter beträufeln. Die nächste Schicht von dem Filoteig darauf legen und diesen Vorgang wiederholen.

3. Die oberste Schicht von dem Filoteig mit 1 EL von der Nussmischung bestreichen. Nun alle Lagen zu einer langen Rolle aufrollen. Die Rolle in die Backform geben. Die Rolle mit einem Messer in kleine Stücke schneiden.

4. Nun die Rollen auf der mittleren Schiene für mindestens 50 Minuten backen. In dieser Zeit können Sie sich um die Zubereitung des Sirups kümmern.

5. Das Wasser mit Zucker, Zitronenschalen und Zitronensaft vermengen. Zutaten in einen Topf geben und erhitzen. Den Baklava aus dem Ofen holen und mit Sirup begießen. Den Sirup mindestens für eine halbe Stunde ziehen lassen. Die restlichen Nüsse auf dem Baklava verteilen.

Israelischer Bananenkuchen

Zubereitungszeit: 30-40 Minuten

Schwierigkeitsgrad: Einfach

Zutatenliste für 2 Portionen:
Eine Prise Zimt, 250 g Mehl, 1 TL Vanilleextrakt, 2-3 reife Bananen, 2 Eier, etwas frischer Zitronensaft, 1 EL Öl, 1 EL Zucker, 100 g zerlassene Butter, 100 g Zucker, 100 g Schokolade

Zubereitung:
1. Hacken Sie die Schokolade grob und stellen Sie sie erst mal beiseite. Den Backofen auf 200 Grad Umluft vorheizen. Alle trockenen Zutaten in eine Schüssel geben und mit einem Holzlöffel vermengen. Die Bananen mit einer Gabel zerdrücken.

2. Die zerlassene Butter mit den Eier und den frischen Zitronensaft dazugeben. Alles gut miteinander verrühren. Die trockenen Zutaten dazugeben und miteinander vermengen. Am Ende die Schokolade zerbröseln und unterrühren.

3. Die Backform mit Öl oder etwas Butter ausstreichen. 1 EL Zucker ausstreuen. Nun den Teig in die Backform gießen. Den Teig glatt streichen. Den Kuchen für 25 bis 30 Minuten backen. Bananenkuchen vor dem Servieren 5 Minuten abkühlen lassen.

Israelischer Kuchen mit Zitrusfrüchten

Zubereitungszeit: 70 Minuten

Schwierigkeitsgrad: Einfach

Zutatenliste für 2 Portionen:
Eine Prise Zimt, 150 g Zucker, 300 g Mehl nach Wahl, 2 Eier, 180 ml Canola-Öl, ein wenig Vanilleextrakt, 1 Tasse frischer Orangensaft, 1 Packung Backpulver, 2 abgeriebene Orangenschalen, 2 EL Öl, eine Prise Zucker

Zubereitung:
1. Heizen Sie den Backofen auf 200 Grad Ober- und Unterhitze vor.

2. Das Öl zusammen mit dem Vanilleextrakt , den Eiern und dem Zucker in eine Schüssel geben und mit Hilfe von einem Schneebesen verquirlen. Eine halbe Tasse Orangensaft unterrühren.

3. In einer anderen Schüssel das Mehl zusammen mit dem Backpulver mischen. Nun die abgeriebenen Orangenschalen mit dem Zimt unterrühren. Zutaten gut miteinander vermischen.

4. Die Backform mit Öl oder Butter bestreichen. Ein bisschen von dem Zucker in die Backform streuen. Den Teig gleichmäßig in die Backform gießen. Die Backform für 40 Minuten auf die mittlere Schiene geben. Danach den Kuchen aus dem Ofen holen und mit dem restlichen Orangensaft übergießen. Vor dem Servieren den Kuchen für 10 Minuten abkühlen lassen.

Sesam-Eiscreme

Zubereitungszeit: 40 Minuten

Schwierigkeitsgrad: Mittel

Zutatenliste für 2 Portionen:
Eine Prise Zimt, 2 Eigelb, 30 g Zucker, 60 ml Sahne, ein bisschen Rum, 100 g Tahin, 20 g Muscovadozucker, 100 ml Milch

Zubereitung:
1. Der Rum ist für dieses Rezept nur optional und kann auch weggelassen werden. Den Kristallzucker in einer Schüssel mit dem Eigelb steif schlagen. Muscovadozucker zusammen mit der Sahne und der Milch in einem kleinen Topf erhitzen. Die heiße Milch dann zu dem Eigelb dazugeben.

2. Die Masse mit Hilfe von einem Wasserbad erhitzen. Die Tahini-Paste untermischen. Optional einen Schuss Rum dazugeben. Die Masse abkühlen und in eine Eismaschine geben. Alternativ können Sie auch Ihren Gefrierschrank benutzen. Mit etwas Zimt garnieren

Dattelsalat mit Bananen

Zubereitungszeit: 10 Minuten

Schwierigkeitsgrad: Einfach

Zutatenliste für 2 Portionen:
Eine Prise Zimt, 2 große Bananen, 200 g Datteln (am besten aus dem arabischen Supermarkt), 200 ml Sahne

Zubereitung:
1. Die Bananen schälen und in dünne Scheiben schneiden. Die Datteln halbieren und entkernen. Die Bananen und Datteln abwechselnd in einer Schüssel schichten.

2. Die Sahne solange schlagen bis sie fest wird. Die Sahne über die Früchte geben. Den Salat für mindestens 2 Stunden im Kühlschrank kalt stellen, Zimt darüber streuen und genießen.

Babka Schnecken mit Schokolade

Zubereitungszeit: 30 Minuten

Schwierigkeitsgrad: Mittel

Zutatenliste für 2 Portionen:
Eine Prise Zimt, 50 g Butter, 100 g zimmerwarme Butter, 2 Eier, ein Würfel Hefe, 400 g Weizenmehl, 80 g Pecan-Nüsse (bekommt man im arabischen Supermarkt), 20 g Kakaopulver, 40 ml warmes Wasser, 80 g Zartbitterschokolade, 150 g Zucker, 20 g Puderzucker, eine Zitrone, 80 ml Wasser

Zubereitung:
1. Hefe mit ein wenig Zucker und dem lauwarmen Wasser vermengen. Das Weizenmehl zusammen mit den 100 g zimmerwarmer Butter , 40 g Zucker, den Zitronenschalen und den Eiern vermengen. Die Hefemischung dazugeben und alles mit der Hand zu einem Teig verkneten.

2. Den Teig über Nacht im Kühlschrank ruhen lassen oder mindestens für 1 Stunde an einem warmen Ort gehen lassen. Eine Arbeitsfläche mit ein bisschen Mehl bestreuen. Den Teig ausrollen und zu gleich großen Rechtecken ausschneiden.

3. Die 50 g Butter in einem Topf zergehen lassen. Die Zartbitterschokolade fein hacken und dazugeben. Den Backofen auf 200 Grad Ober- und Unterhitze vorheizen. Ein Muffinblech mit Öl oder Butter einfetten.

4. Pecan-Nüsse fein hacken und mit 100 g Zucker, dem Puderzucker und dem Kakaopulver zu der Buttermasse geben und miteinander vermengen. Nun gleichmäßig das Muffinblech damit füllen und für 15 Minuten backen lassen.

5. Das restliche Wasser mit dem restlichen Zucker vermengen und diese Masse direkt nach der Backzeit auf die Babka Schnecken streichen. Vor dem Servieren abkühlen lassen.

Leckere Hamantaschen

Zubereitungszeit: 40 Minuten

Schwierigkeitsgrad: Mittel

Zutatenliste für 2 Portionen:
Eine Prise Zimt, 350 g Teig, 200 g Zucker, 150 g Margarine, 1 kleines Ei, ½ TL Vanilleextrakt, etwas Natron, eine Prise Salz

Zutatenliste für die Füllung:
140 g gemahlener Mohn, 40 g Zucker, 2 EL Honig, ein wenig Abrieb von einer Zitrone, 80 ml Apfelsaft, 1 EL Rosinen

Zubereitung:
1. Die Margarine zusammen mit dem Zucker und dem Vanilleextrakt in eine Schüssel geben und mit einem Schneebesen schaumig schlagen. Das Ei aufschlagen und mit der Masse vermengen. Den Orangensaft hinzugeben und unterrühren.

2. Nach und nach das Mehl hinzugeben. Eine Prise Zimt, Salz und Natron hinzufügen und mit den restlichen Zutaten vermengen. Solange rühren bis ein glatter Teig entsteht. Teig zu einer Kugel formen. Teig für 3 Stunden in den Kühlschrank stellen. Den Backofen danach auf 180 Grad Umluft vorheizen.

3. Die Zutaten für die Füllung in eine Schüssel geben und miteinander vermengen. Eine Arbeitsfläche mit Mehl bestreuen und den Teig darauf ausrollen. Aus dem Teig kreisförmige Stücke herausstechen. Jeweils 1 EL von der Füllung in die Teigmitte geben und drei Seiten zur Mitte klappen, so dass ein Dreieck entstehen. Die Taschen für 15 Minuten im Backofen backen. Vor dem Verzehr noch 5 Minuten abkühlen lassen.

Haftungsausschluss

Die Umsetzung aller enthaltenen Informationen, Anleitungen und Rezepte dieses Buches erfolgt auf eigenes Risiko. Für etwaige Schäden jeglicher Art kann der Autor aus keinem Rechtsgrund eine Haftung übernehmen. Für Schäden materieller oder ideeller Art, die durch die Nutzung oder Nichtnutzung der Informationen bzw. durch die Nutzung fehlerhafter und/oder unvollständiger Informationen verursacht wurden, sind Haftungsansprüche gegen den Autor grundsätzlich ausgeschlossen. Ausgeschlossen sind daher auch jegliche Rechts- und Schadenersatzansprüche. Dieses Werk wurde mit größter Sorgfalt nach bestem Wissen und Gewissen erarbeitet und niedergeschrieben. Für die Aktualität, Vollständigkeit und Qualität der Informationen übernimmt der Autor jedoch keinerlei Gewähr. Auch können Druckfehler und Falschinformationen nicht vollständig ausgeschlossen werden. Für fehlerhafte Angaben vom Autor kann keine juristische Verantwortung sowie Haftung in irgendeiner Form übernommen werden.

Urheberrecht

1. Auflage

Kontakt: JT-Handels-UG/ Berumer Str. 44/ 26844 Jemgum